LE

THÉATRE EN PROVINCE

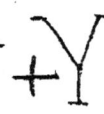

LE

THÉATRE EN PROVINCE

Réponse à M. GOT

PARIS
Librairie Moderne
Jules LECUIR & Cie
17, Boulevard Montmartre, 17

1878

AVANT-PROPOS

La préface du troisième volume des *Annales du Théâtre et de la Musique,* publiées cette année par MM. Edouard Noel et Edmond Stoullig, a causé, à son apparition, une véritable émotion dans le monde des artistes dramatiques. On se souvient que l'auteur de cette préface, M. Got, de la Comédie française, demandait purement et simplement la suppression des directions sédentaires en province au profit de troupes circulantes, rayonnant de Paris sur la France entière. L'autorité qui s'attache au nom de l'éminent comédien appela l'attention sur ce programme quelque peu révolutionnaire, la presse s'en empara et le discuta vivement. Quelques critiques l'appuyèrent, d'autres l'attaquèrent, la plupart, en somme, s'abstinrent de conclure. Quoi qu'il en soit, la question était posée et nettement posée. M. Got, en constatant la décadence du théâtre en province, a eu le mérite de signaler le mal ; il a voulu, en même temps, apporter le remède. C'est ce remède que nous venons discuter aujourd'hui. Nous aurions pu le faire plus tôt, mais nous n'avons voulu aborder le problème devant le public qu'après l'avoir étudié minutieusement et sous toutes ses faces. Dans nos recherches, nous ne nous sommes préoccupés que des intérêts mêmes de l'art, on nous rendra, nous l'espérons, cette justice ; nous reconnaissons d'ailleurs que M. Got n'a pas eu d'autre souci, quoique nous nous trouvions en contradiction formelle avec ses idées.

Notre seule ambition, en publiant ces quelques pages, est d'apporter une modeste pierre à l'œuvre de réédification qu'il est urgent d'entreprendre si l'on veut sauver l'art dramatique en province d'une ruine certaine.

LE
THÉATRE EN PROVINCE

Réponse à M. GOT

I

La liberté des Théâtres

Disons d'abord quelques mots de la situation des théâtres de province avant la liberté des théâtres. A ce sujet, nous ne saurions mieux faire que de citer le passage suivant de la préface de M. Got.

« Ah ! ce fut le bon temps des directions provinciales. Chacune, avec l'agrément de M. le préfet ou de M. le maire, régnait paisiblement dans son petit domaine : le département. Chacun pour soi, chacun chez soi, quel rêve ! Et c'était la réalité. Les messageries apportaient au trot, avec le journal parisien de l'avant-veille, des réclames gratuites pour la pièce nouvelle, toujours la meilleure, puisqu'on n'avait qu'à choisir. Les frais étaient restreints. Le public, un peu casanier et engourdi peut-être, était sans exigence, n'ayant aucun point de comparaison. La stabilité et la confiance avaient même développé au loin un assez bon nombre d'artistes de talent, où Paris allait quelquefois se recruter. Oui, c'était le bon temps !

« Tout à coup, les chemins de fer, les paquebots, la vapeur pour tout, le télégraphe électrique et la secousse inouïe que cela imprime de toutes parts et presque à la fois dans la vie moderne ! »

M. Got a raison de le dire : c'était le bon temps — pour les directeurs. Ils étaient nommés par l'État ; mais les considérations artistiques n'occupaient, en général, que le second plan et même le troisième dans les choix ministériels. On était bombardé directeur, pourvu qu'on eût quelques protections, fût-on d'ailleurs parfaitement ignorant des choses du théâtre. On jouissait d'un privilège qui vous accordait toutes sortes d'immunités dans la ville, dans le département, quelquefois même dans les deux ou trois départements qui vous étaient dévolus. Pas de concurrence possible. On percevait même des droits sur les saltimbanques qui opéraient dans votre ressort. Le public, faute de mieux, était bien forcé de se contenter de ce qu'on lui offrait. Les récalcitrants ne se rencontraient guère que dans les grandes villes. A cette époque, et grâce à l'exploitation successive des différentes villes dont on avait le monopole, les campagnes théâtrales duraient souvent onze mois chaque année. Directeurs et artistes s'en trouvaient bien.

Mais, tout à coup, les chemins de fer !... c'est-à-dire la facilité des communications et quasiment la suppression des distances. « C'est de cinquante lieues, de soixante parfois aujourd'hui, comme le dit encore M. Got, que le monde provincial qui s'amuse vient voir à Paris la pièce en vogue ; c'est à cent lieues souvent, à Bruxelles, à Londres, à Nantes, à Lyon, à Bordeaux, qu'un artiste ou un chanteur va *en étoile* entre deux représentations régulières. » Désormais, il y aura échange continuel de voyageurs entre la province et la capitale ; le public des villes les plus reculées va posséder des points de comparaison dont il profitera pour devenir plus exigeant sur le choix des spectacles et des artistes qui lui sont présentés : le vieil ordre de choses ne peut tarder à tomber en poudre. C'est alors qu'apparaît la liberté des théâtres.

Cette liberté des théâtres, dont on a tant médit, était cependant devenue nécessaire. S'il était juste, en effet, de protéger les intérêts des directeurs et des artistes, il convenait aussi de maintenir cette protection dans des limites telles que le public n'eût pas à en souffrir. Or, la libre concurrence était le seul moyen de donner satisfaction aux légitimes réclamations de ce dernier. Comme il arrive toujours, il y eut grande confusion dans les premiers temps ; aujourd'hui même, le monde théâtral n'est pas encore remis de la secousse. L'usage d'une liberté quelconque a besoin de temps pour se régler et s'équilibrer.

Des troupes se formèrent de tous côtés, le premier venu put s'improviser directeur, on vivait en plein *Roman comique*. Dire que le public y trouva tout d'abord son compte serait audacieux, mais cette révolution théâtrale tourna finalement à son profit. Les abus disparurent bientôt, l'insuccès fit prompte justice des tentatives hasardeuses et le public se trouva en face d'un progrès incontestable. Cependant le but n'est pas encore atteint. Une réforme en entraîne une autre, et le théâtre en province périclite aujourd'hui, faute d'avoir persévéré dans la voie où il est entré et pour s'y être en quelque sorte immobilisé. Chanter à peu près bien, c'est chanter faux ; n'aller pas jusqu'au bout dans le bon chemin, c'est risquer de retourner à l'ornière.

Nous reconnaissons sans peine que la situation actuelle, si elle est avantageuse pour le public, ne l'est nullement pour les entreprises théâtrales proprement dites. Si autrefois celles-ci étaient plus spécialement favorisées, le contraire a lieu aujourd'hui, c'est-à-dire que le public est devenu le seul privilégié. Voilà la vérité ! Il est urgent de trouver un moyen terme qui sauvegarde les intérêts des deux parties.

Avant la liberté des théâtres, le nombre des troupes dramatiques était relativement limité, la plupart de ces troupes ayant chacune, dans le ressort de son privilège, à desservir successivement plusieurs villes, passant deux mois dans celle-ci, trois mois dans celle-là et ainsi de suite jusqu'à l'expiration de la saison théâtrale. Le même répertoire était exploité dans ces différentes villes. Le nombre des ouvrages montés dans le courant de l'année se trouvant, par suite, assez restreint, ces ouvrages pouvaient tous être étudiés avec un soin satisfaisant. Aujourd'hui, les troupes sont plus nombreuses, chaque ville de quelque importance en exigeant une qui lui donne des représentations pendant toute la durée de l'hiver. De là, nécessité pour les directeurs d'alimenter la curiosité du public par un renouvellement incessant du répertoire. Premier bénéfice pour le public de province, qui jouit d'une variété de spectacles inconnue autrefois, mais situation désavantageuse pour les artistes, que surmène un surcroît de fatigues et d'études et qui, la saison terminée, se voient sans engagement pour le reste de l'année.

Dans nombre de villes, les directeurs sont, en outre, fréquemment obligés d'appeler des artistes parisiens en représentation, et se grèvent ainsi de frais énormes qu'ils ne sont pas toujours certains de couvrir. Ils se voient tenus également d'accueillir les troupes de passage qui, précédées d'une réputation légitime, telles les troupes dirigées récemment encore par Mlle Agar, M. Brindeau et M. Masset, forcent, pour ainsi dire, les portes des théâtres à s'ouvrir devant elles. Nouveau bénéfice pour le public qui assiste ainsi à de véritables représentations parisiennes sans sortir de sa cité, mais situation souvent ruineuse pour le directeur qui se crée cette concurrence contre laquelle les conditions défavorables où il se trouve ne lui permettent presque jamais de lutter.

Ce n'est pas tout. Le recrutement des bonnes troupes

de province devient de plus en plus difficile. Jadis, le mouvement dramatique étant moins grand qu'aujourd'hui, on voyait souvent les mêmes artistes revenir dans les mêmes villes plusieurs années de suite ; les campagnes théâtrales étaient, en outre, beaucoup plus longues, de sorte que les artistes, habitués au même public, arrivant au bout d'un certain point à se bien connaître, à *se toucher les coudes*, comme on dit, finissaient par former de bons ensembles et d'autant meilleurs que la *stabilité* et la *confiance* développaient les forces vives de chacun. On faisait alors des *élèves*, le mot n'est pas trop ambitieux ; aujourd'hui on n'a plus le temps. Six mois sont à peine écoulés qu'il faut se séparer ; on s'éparpille aux quatre coins du monde théâtral, et Dieu sait si l'on se retrouvera jamais. Donc nouvel obstacle : la difficulté d'obtenir des troupes d'ensemble. Il en est d'autres encore, et, pour en finir avec ce sujet, nous citerons rapidement l'invasion de l'opérette qui a dévoyé plus d'un talent, la concurrence des cafés-concerts qui ont enlevé aux théâtres nombre d'artistes séduits par l'appât de gains plus faciles et, disons-le, plus sûrs ; enfin la déplorable facilité avec laquelle on accueille aujourd'hui les débutants. Directeurs de théâtres et agents dramatiques devraient y regarder de plus près et, ceci soit dit en passant, engager moins de gens *sur la mine*. Actuellement, sans apprentissage, sans étude préparatoire, le premier venu, sorti de n'importe où, peut monter sur les planches et s'intituler artiste dès le lendemain. Aussi la province est-elle envahie par des acteurs de hasard, cabotins bêtes et vaniteux, qui ne valent certes pas les saltimbanques qu'ils dédaignent et dont les prétentions au titre d'artistes sont assurément plus ridicules que celles de MM. les coiffeurs.

Aux difficultés résultant de cette organisation défectueuse du personnel artistique viennent s'en ajouter d'autres encore, — car il me semble que tout conspire contre ces pauvres directeurs de province, — celles-ci suscitées par les auteurs dramatiques eux-mêmes, (plusieurs de ces derniers se sont avisés récemment d'affirmer le droit de représentation exclusif de leurs pièces à certains *impresarii* mettant en véritable interdit les directeurs de province qui ont cependant des traités réguliers avec la Société des auteurs); celles-là ... mais nous n'en finirions pas si nous voulions épuiser la série des obstacles qui se dressent à chaque pas devant eux. Que serait-ce si nous abordions le chapitre des mille tracasseries, des embûches de toutes sortes auxquelles ils sont en butte dans les villes mêmes où se trouve le siège de leur exploitation ! Les tribulations des malheureux gens de lettres dont parle Figaro ne sont rien au prix de celles des infortunés directeurs de province.

Est-ce à dire qu'il faille revenir au système des privilèges et supprimer la liberté des théâtres? Non pas. A notre avis le remède serait pire que le mal. Nous sommes dans une époque de liberté incompatible avec les vieilles idées de protection et de monopole. A un état de choses nouveau, il fallait répondre par une mise en œuvre nouvelle. La liberté des théâtres ayant créé une situation neuve, il était nécessaire de mettre en harmonie avec elle l'organisation des théâtres de nos départements. C'est ce qu'on a négligé de faire; de là le malaise actuel. On proclame l'édifice caduc et l'on ne s'aperçoit pas qu'on a oublié de l'achever dans ses parties provisoires.

Nous n'entendons pas parler ici, bien entendu, des entreprises particulières, des cafés-concerts, ni des autres spectacles, mais seulement des théâtres municipaux qui, ayant à sauvegarder les intérêts de l'art et du public, lesquels doivent se confondre, sont les seuls dont nous ayons à nous occuper.

II

Le système de M. Got.

Divers systèmes ont été préconisés pour sauver le théâtre en province de la décadence dont il était menacé. Certains directeurs ne voient le salut que dans l'élévation des subventions municipales. D'autres réclament la suppression des troupes voyageuses en même temps que l'abolition des privilèges accordés à ces troupes par les auteurs pour l'exploitation des pièces nouvelles. Ce dernier système étant en contradiction avec le principe de la liberté des théâtres, il n'y a pas lieu de s'y arrêter. Mentionnons pour mémoire le système qui certainement rencontre le plus d'adhérents parmi les directeurs de province et qui consiste dans le rétablissement des anciens privilèges. Passons. Le régime des satrapies théâtrales a fait son temps, il est condamné; le public n'en tolèrerait pas le retour. Ce qu'il faut trouver, c'est, entre le public et les directeurs, un *modus vivendi* protégeant les intérêts de chacun, intérêts solidaires, car public et directeurs doivent également rechercher le bon fonctionnement des entreprises théâtrales.

Arrivons au programme de M. Got. Nous citons textuellement :

« D'une part, les villes, à l'exception peut-être de trois ou quatre *très-grandes* villes, garderaient leur théâtre libre, et la subvention municipale qu'on dépense aujourd'hui un peu au hasard trouverait à coup sûr un emploi plus sage sous l'administration d'un conservateur responsable pour les décors et l'entretien de l'immeuble. C'est lui qui, sous la surveillance du maire et du conseil municipal, serait chargé de louer la salle et la scène munies de tout le matériel et le personnel du service, y compris l'orchestre s'il y a lieu, moyennant tant pour cent sur la recette brute ; et, cet intérêt débattu et contrôlé sur place, sauvegarderait sans contestations possibles les intérêts des auteurs, des artistes, des orchestres, des employés, des pauvres et de la ville.

« D'autre part, dix, vingt directeurs, que sais-je ? recrutant des troupes à Paris, soit à leurs risques et périls, soit en société, monteraient sur place, sous les yeux des auteurs et avec leur autorisation, un ou deux ouvrages récents à succès qui, mêlés intelligemment à plusieurs pièces anciennes, composeraient une dizaine de spectacles capables de soutenir l'attention d'un public pendant quinze jours, trois semaines, un mois peut-être.

« A ces directeurs, à ces troupes, le soin de combiner réciproquement leurs répertoires, puis de s'entendre et de débattre d'avance leurs marchés avec le conservateur municipal des différentes villes.

« Alors s'éparpilleraient au mieux de leurs intérêts par toute la France, ces spirales concentriques ou excentriques, — permettez-moi l'image — et la valse commencerait.

« Suivant ce système, les villes, au lieu d'avoir une troupe sédentaire surmenée, en auraient par le fait successivement huit ou dix toutes nouvelles.

« Les pièces seraient mieux montées et jouées avec un ensemble presque partout inconnu dans les conditions actuelles, et la curiosité du public, qui s'en éloigne aujourd'hui, s'y retremperait.

« Un autre avantage, tout moral celui-là, c'est que les ouvrages à nombreux personnel ou à grands décors seraient délaissés par la force des choses, ce qui ramènerait le théâtre aux œuvres serrées d'action, de passions et de caractères qui sont sa véritable essence, et qui, en définitive, survivent seules à tout.

« Qui empêcherait même — par ce temps de *reprises* où tant d'auteurs se plaignent de trouver à Paris l'accès difficile ou la place encombrée — qui empêcherait de s'entendre avec ces troupes voyageuses pour porter des *premières représentations* par toute la France, en décentralisant ainsi le *tout Paris* quelques bonnes fois, par hasard ?

« Que si l'on m'objecte que tout cela est impraticable dans l'usage régulier.

« Pourquoi donc Dumas fils, pourquoi Sardou, Erckmann-Chatrian, pourquoi, avant tous, Emile Augier, ont-ils senti qu'il y avait là quelque chose à faire et l'ont-ils tenté en partie ? Sont-ce des esprits étroits, des fous ?

« Pourquoi et comment Molière enfin l'a-t-il fait, lui, voilà plus de deux siècles ? »

Et tout d'abord, sans remonter jusqu'à Molière, précisément parce qu'il date de plus de deux siècles et que bien des choses ont changé depuis ce temps, ne nous arrêtons pas à ce que font MM. Dumas fils, Sardou, Erckmann-Chatrian, Emile Augier et autres auteurs qui accordent volontiers à des troupes le droit spécial de jouer leurs œuvres en province.

Ces messieurs, dont nous ne contestons ni l'autorité ni la compétence, en créant ces privilèges n'ont pas pour but, croyons-nous, de réformer le théâtre en province. Ils agissent ou croient agir au mieux de leurs intérêts ; loin de nous la pensée de les en blâmer. Ne nous arrêtons pas non plus à la question des premières représentations en province. Ces premières représentations seraient tout aussi possibles avec les troupes sédentaires qu'avec celles qui se formeraient d'après le système de M. Got, si les directeurs se mettaient sérieusement en communication avec les auteurs et surtout s'ils se mettaient en quête d'auteurs nouveaux. Pour ne citer qu'une preuve à l'appui, nous rappellerons l'opéra de Pétrarque qui, récemment, fut monté et joué à Marseille avec un réel succès.

Mais où M. Got commet une grave erreur, selon nous, c'est quand il prétend que son programme aboutirait à l'abandon forcé des ouvrages « à nombreux personnel et à grands décors » : nous prétendons que c'est le contraire qui arriverait. Chacun sait que, depuis longtemps déjà, les féeries et autres pièces à spectacle, comprenant un matériel important, après avoir épuisé le cours de leur succès à Paris, prennent le chemin de la province et font leur tour de France. Les entrepreneurs de ces sortes de tournées s'en vont ainsi de ville en ville, s'arrêtant quinze jours ici, un mois là, s'entendant partout avec les directeurs auxquels ils apportent une pièce, des décors, un spectacle attrayant en un mot. Comment donc en serait-il autrement le jour où la suppression des directeurs sédentaires laisserait la place entièrement libre aux spéculateurs? Il faut bien le dire, les pièces de ce genre font presque toujours de l'argent, et ce n'est pas de sitôt qu'elles passeront de mode, puisqu'à tort ou à raison elles ont le don de plaire au public. Nous allons plus loin, le système de M. Got serait, en quelque sorte, une prime offerte aux pièces à spectacle au détriment des œuvres « serrées d'action, de passions et de caractères. » Quelle concurrence, en effet, vraiment avantageuse, celles-ci pourraient-elles opposer à celles-là? Faut-il parler d'un fait récent? Cette année, dans mainte ville où les *Fourchambault* n'ont pu qu'à grand'peine réaliser deux représentations, on a vu le *Tour du Monde* attirer la foule vingt et trente jours de suite. Il ne faut pas l'oublier, la plupart des villes de province n'ont qu'un théâtre et le public veut que l'hospitalité y soit donnée à tous les genres. Eh bien, nous le demandons, après une série de vingt ou trente recettes d'un *Tour du Monde* quelconque, qu'obtiendra-t-on, même avec un chef-d'œuvre d'Augier ou de Dumas fils? Une ou deux *salles* peut-être qui ne suffiront pas toujours à couvrir les frais. Nous concluons de tout ceci que, quoi qu'il advienne, nous ne sommes pas près d'en avoir fini avec le *Chat botté*, le *Pied de mouton*, la *Biche au bois* et autres quadrupèdes créés pour le plus grand divertissement des bêtes à deux pattes.

Le programme de M. Got est assez difficile à discuter en détail, son auteur s'étant soigneusement abstenu de nous entretenir des moyens d'exécution que comporte cet ensemble de vœux plus habilement formulés que pratiquement conçus. Comment veut-on que dix ou vingt troupes, ayant chacune des intérêts parfaitement isolés, s'éparpillant et valsant à travers la France, pour nous servir de l'image de M. Got, ne soient pas exposées, au milieu de ce tourbillon chorégraphique d'un nouveau genre, à des rencontres de toutes sortes, à des heurts, à des bousculades entre elles, et finalement à des chutes inévitables ! M. Got conviendra avec nous que les mouvements de ces différentes troupes, mouvements multiples et souvent contrariés par l'imprévu, ne peuvent, à un moment donné, qu'engendrer le désordre. Combien de ces troupes ne danseront plus en mesure et se marcheront sur les pieds ! Il faudrait une entente préalable des directeurs ? Mais comment l'obtenir ? N'aura-t-on pas à lutter contre l'esprit de concurrence et les spéculations de toute nature ? Il sera impossible de mettre d'accord tant d'intérêts divers. Une agence centrale alors ? Nous touchons au point délicat de la question.

Une agence générale qui prendrait en tutelle tous les théâtres de province, traiterait avec les directeurs, fixerait leurs itinéraires, finirait même par leur imposer ses programmes de spectacles et ses artistes, sorte d'église ou de conseil suprême réglant, gouvernant à son gré les destinées de l'art dramatique, espèce d'autocratie dont le public subirait les décrets, et, en s'habituant à les subir, arriverait à les applaudir ?

Est-ce là qu'on veut en venir ? Et M. Got, qui nous parle de décentralisation ! Mais ce système serait de la centralisation à outrance, de la centralisation effrénée, car il ne conclut à rien plus qu'à la suppression de la concurrence, qui est l'âme de tout progrès, et à l'annihilation de toutes les initiatives individuelles et locales. C'est le monopole dans tout l'éclat de sa splendeur ! C'est le régime des privilèges restauré sous une autre forme. Et au profit de qui, en définitive ?

Des auteurs ? Non. Pour être joué en province, désormais, il faudrait exciper de succès parisiens à retentissement. Quel directeur voudrait tenter la fortune avec des pièces ne se recommandant que par un succès d'estime ? Que d'auteurs sacrifiés !

Au profit de l'art ? Pas davantage, car il est loin d'être prouvé que la valeur d'une œuvre soit en raison directe de *son succès d'argent*.

Des artistes ? Non plus. La fatigue des voyages remplacerait celle des études et des répétitions, et nous ne voyons pas trop ce qu'ils y gagneraient. Demandez plutôt aux chanteurs. Nous ajoutons qu'au point de vue des chômages, les artistes en auraient tout autant, sinon plus qu'aujourd'hui, la situation qu'on veut leur faire laissant plus de place que jamais à *l'alea*.

Les directeurs profiteraient-ils au moins du nouvel état de choses ? Cela nous semble plus que problématique. Qu'ils comparent les frais actuels avec les nouveaux que leur créeraient ces déplacements continuels. Aujourd'hui, les quelques rares troupes qui font des tournées peuvent, sans trop de dangers, courir ces risques, parce qu'elles jouissent d'une situation exceptionnelle ; mais il ne faut pas perdre de vue que les bénéfices de cette situation disparaîtraient le jour où les troupes *sédentaires* se dissoudraient pour se transformer en troupes voyageuses.

Le public, enfin, serait-il mieux partagé ? Hélas ! non. Pour quelques bonnes troupes qu'il aurait lieu d'applaudir, que de mauvaises dont il aurait à se plaindre ! Les faiseurs trouveraient beau jeu à tricher le public et à exploiter sa crédulité par l'appât d'affiches trompeuses. N'échapperaient-ils pas, en effet, à toute responsabilité et, pour ainsi dire, à l'impunité, puisqu'ils s'arrangeraient de façon à ne passer qu'un jour ou deux dans chaque ville, le temps de « faire » une recette ? Et l'on obtiendrait ce beau résultat que le public, las d'être échaudé, finirait par rendre victimes de sa méfiance les troupes vraiment méritantes et honnêtes qui auraient le malheur d'avoir été précédées par des faiseurs. Les bons pâtiraient pour les mauvais, comme on dit communément. Ceci arrive déjà quelquefois. Que serait-ce plus tard ?

Encore une fois, quels sont les avantages du programme de M. Got ? Nous ne les voyons pas. Et nous n'avons pas parlé des difficultés matérielles insurmontables que rencontreraient à chaque pas les troupes de chant. Ici, c'est bien autre chose. Nombre de villes par exemple ne possèdent que des orchestres très-incomplets. Faudra-t-il voyager avec vingt, trente musiciens ? Mais alors les recettes ne seront plus en rapport avec les frais ; ou bien faudra-t-il répéter dans chaque ville avec l'orchestre local ? Mais à la fatigue des voyages viendra s'ajouter la fatigue des répétitions ; de plus, on sera souvent forcé de remettre au lendemain la représentation annoncée pour le jour même. Que de temps perdu ! et c'est surtout en *tournée* que le temps c'est de l'argent. Et les chœurs ? Et mille autres détails que le lecteur devine sans qu'il soit nécessaire de les énumérer.

M. Got prétend que, suivant son système, « les pièces seraient mieux montées et jouées avec un ensemble presque partout inconnu dans les conditions actuelles. »

Rien de plus juste, si le programme de M. Got était réalisable. Les pièces montées « sous les yeux des auteurs et avec leur autorisation » le seraient certainement avec plus de soins. On choisirait souvent mieux les artistes et on consacrerait plus de temps aux répétitions. Nous faisons des réserves cependant, pour le cas où, comme le propose M. Got, les directeurs monteraient plusieurs pièces à la fois afin de composer « une dizaine de spectacles. » Comment, dans ce cas, pourrait-on donner aux répétitions le temps nécessaire ? Ces chômages forcés n'entraîneraient-ils pas de trop grandes pertes soit pour les directeurs, soit pour les artistes ? Prenons un exemple. Dernièrement l'exploitation exclusive des *Fourchambault* a été confiée à quatre troupes qui se sont partagé la France. La pièce, montée avec soin, a pu, grâce aux avantages de la situation, être jouée pour ainsi dire chaque jour dans une ville différente, en sorte que la combinaison a été réellement fructueuse. Mais supposons que chacune de ces troupes, au lieu de monter un seul spectacle, en ait eu à organiser une série, croit-on que les autres pièces qu'il aurait fallu apprendre auraient pu être répétées avec le même soin ? D'ailleurs, le plus clair des bénéfices de la combinaison n'aurait-il pas été exposé à disparaître, étant donnée la nécessité de séjourner dans chaque ville jusqu'à épuisement du répertoire ? Il ne faut pas s'y tromper, la plupart des villes de province ne comportent pas plus de deux ou trois spectacles par semaine. Voilà donc des troupes condamnées à s'immobiliser sans profit pendant plusieurs jours. Quelquefois, il est vrai, elles pourraient donner des représentations consécutives sur la même scène, mais ces « coups de feu » fatiguent vite le public, la détente ne tarde pas à se produire et les représentations suivantes en souffrent. Malheur aux directeurs qui viendraient s'échouer dans des villes « brûlées » par leurs devanciers !

En résumé, il est à craindre que cet état de choses ne soit seulement profitable qu'aux hôteliers et aux compagnies de chemins de fer.

Dira-t-on qu'avec le système de M. Got, on pourra se déplacer à sa guise et jouer chaque jour dans une ville différente ?

Assurément non. On se trouvera entouré d'autres troupes circulant dans tous les sens à travers le territoire, et nous défions bien qui que ce soit de combiner ses itinéraires de façon à ne pas avoir fréquemment des relâches forcés. Dans les villes importantes on sera obligé de faire des stations plus longues que dans les villes secondaires, de là des irrégularités de mouvements et des marches et contre-marches pour les troupes qui se trouveront *en queue*. L'appareil de M. Got ne pourrait fonctionner qu'à la condition d'être réglé par un pendule parfaitement isochrone. Or, ce pendule n'existe pas et ne saurait exister.

Ce n'est pas tout. Les directeurs se verront obligés de passer avec les villes des traités limités et forcément courts. Dans ces conditions, ils n'auront pas le temps de profiter des succès qui pourraient les indemniser de leurs pertes antérieures. Un succès ne s'affirme souvent, en province comme à Paris (nous ne parlons bien entendu que des villes importantes), qu'au bout d'un certain nombre de représentations.

Que de fois ne seront-ils pas obligés de plier bagage, juste au moment de recueillir ce qu'ils ont semé, et ce, pour faire place à leurs successeurs ! Le défaut de stabilité prend ici, on le voit, de grandes proportions. Ah ! s'il ne devait y avoir qu'une dizaine de troupes pour toute la France, cela irait tout seul. Mais alors la plupart des villes seraient privées de théâtre pendant la plus grande partie de l'année et cela ne ferait point l'affaire du public. Il est vrai que, par contre, les cafés-concerts se multiplieraient à l'envi, envahiraient tout à leur aise le domaine du théâtre... Ne l'oublions pas, le théâtre est un des éléments vitaux de la province où les distractions sont rares et les occasions de se réunir publiquement plus rares encore. La révolution qu'on semble préconiser compte un peu trop sans son hôte : elle aurait bientôt contre elle l'opposition formidable du public.

La diminution du nombre des troupes, qui diminuerait d'autant le nombre et la variété des spectacles, n'étant pas possible, où recruterait-on les artistes ? Evidemment parmi les artistes de province désormais sans emploi. Les éléments d'interprétation ne différeraient donc pas beaucoup de ceux d'aujourd'hui. Le seul bénéfice de la situation pour tant de désavantages consisterait alors dans la plus grande quantité de temps qu'on pourrait consacrer aux répétitions, d'où nous inférons que la principale cause d'insuffisance des troupes de province est précisément ce manque de temps nécessaire aux répétitions. Voilà le défaut de la cuirasse, le vrai, le seul, en réalité, car on ne va pas jusqu'à exiger des troupes de province la valeur et la force d'ensemble des troupes parisiennes. Eh bien, c'est ce vice capital qu'il faut réformer avant tout; — nous y reviendrons plus loin. Une dernière question et nous nous arrêtons, car il faut savoir se borner. Nous demandons ce que deviendraient, dans le système de M. Got, les auteurs de province, et quels moyens ils auraient de se produire désormais.

Faut-il les sacrifier impitoyablement et sans regret ? Assurément M. Got ne le pense pas. Nous connaissons certaines productions locales qui, jouées à Paris, feraient fort bonne figure. Nombre d'auteurs en renom ont *commencé* en province et il est à présumer que plus d'un ne serait pas parvenu à la célébrité, s'il n'avait trouvé dans quelque chef-lieu une scène hospitalière à ses premières œuvres.

On le voit, les objections s'entassent devant le programme de M. Got; les obstacles se dressent à chaque pas. Loin de simplifier le problème qui nous occupe, il ne fait que le compliquer sans profit pour personne. Dans la pratique il ne tarderait pas à se débattre et à succomber au milieu d'inextricables difficultés.

Chose curieuse, l'application de ce programme que M. Got réclame pour toutes les villes, « à l'exception peut-être de trois ou quatre *très grandes villes* » si on y regarde de près ne serait précisément possible que dans ces *très grandes villes*, en raison même des ressources qu'elles présentent et des facilités exceptionnelles qu'elles offrent aux directeurs pour s'entendre et « combiner réciproquement leurs répertoires. »

La question reste donc entière. Nous ne prétendons point, quant à nous, la juger sans appel, ni la résoudre d'une façon définitive, cependant il nous sera permis de dire notre sentiment. Nous croyons fermement, qu'il n'est pas de solution possible en dehors du système que nous allons esquisser rapidement.

III
La Réforme

Laissons de côté les utopies. Le principe des troupes sédentaires s'impose, mais il faut l'appliquer sur de nouvelles bases. Tout d'abord établissons nettement, bien que d'une manière générale, la situation actuelle de la plupart des théâtres de province. Un directeur est nommé, il a signé un cahier des charges plus ou moins sage, plus ou moins élastique. Il connaît plus ou moins les besoins et les aspirations de son futur public; peu importe. Il s'occupe de composer sa troupe. A cet effet, il s'adresse à une agence dramatique. Par son intermédiaire, il engage des artistes souvent sans les voir, simplement par correspondance, d'après des renseignements plus ou moins sérieux ou contre envoi de photographie. A la date fixée, la troupe se trouve réunie. On répète les pièces de débuts ; huit jours après, les représentations commencent. Les débuts se font « au public » ; les coteries, les cabales ont beau jeu pour faire réussir ou tomber tels ou tels artistes. Le mérite réel de certains d'entre eux ne les garantit point toujours d'une chute : on les remplace parfois par d'autres qui, ne les valant point, sont cependant fort bien accueillis. Situation singulière, on en conviendra, pour des artistes dont le sort peut dépendre de caprices imprévus. Les débuts terminés, la troupe enfin assise, le directeur, qui bien rarement s'est tracé un plan de campagne, songe à l'organisation de ses spectacles d'hiver.

On va au hasard. Les répertoires ne concordent guère, ou bien, s'ils concordent, il se trouve que c'est sur des pièces jouées l'année précédente et dont la reprise mettrait en péril les recettes. Cependant le public ne peut attendre. On monte à toute vapeur des spectacles que le minotaure dévore un à un et qu'il faut sans cesse renouveler. Les artistes sont sur les dents. C'est à peine s'ils ont le temps nécessaire pour apprendre « la lettre » de leurs rôles. Heureux quand, par surcroît, ils n'ont pas *d'excursions* à faire dans les villes environnantes. Faites donc, dans ces conditions, de la mise en scène soignée, cherchez donc à donner une couleur quelconque aux divers personnages que vous avez à interpréter ! Trouvez donc *quelque chose* en un mot. Impossible. — C'est de l'improvisation à jet continu. Il s'ensuit que les spectacles marchent cahin-caha, que le public est mécontent... du souffleur, et déserte le théâtre. Ajoutons que nombre de directeurs, passablement illettrés, point du tout artistes, ne voyant dans le théâtre qu'un commerce ordinaire, sont parfaitement incapables de diriger leur entreprise. Nous pourrions citer mainte ville dont le théâtre, devenu vacant, s'est trouvé exploité par le cafetier *d'en face* ou *d'à côté*, toute la spéculation de cet honorable industriel reposant sur la vente de ses consommations. Il y a des municipalités pour conclure de pareils marchés ! Mais passons, nous reviendrons sur ce sujet tout à l'heure.

Aux difficultés d'organisation des troupes de province et de composition des spectacles, viennent s'en ajouter d'autres. Le directeur a encore à compter avec les employés et avec l'orchestre de son théâtre. Dans la plupart des villes il n'y a pas d'orchestre régulier, on est donc obligé de faire appel à des amateurs, lesquels, se sachant indispensables, en prennent à leur aise ; le directeur est à leur entière discrétion. Je pourrais citer telle ville où, vu l'impossibilité de trouver plus d'un *premier violon*, les destinées musicales du théâtre se trouvent pour ainsi dire dans la main d'un seul artiste; un panaris pourrait avoir, dans ces conditions, d'incalculables conséquences.

Quant aux employés, rien n'égale leur scepticisme à l'égard de l'autorité directoriale. Ils savent trop combien le règne des directeurs est éphémère, et cette royauté d'un jour ne leur inspire aucun respect. Il y a, du reste, dans toutes les administrations de province, certains employés infimes plus indéracinables que les vieilles coutumes. Malheur à vous si vous froissez aucun de ces gens-là ! Malheur à vous si vous vous avisez de changer un *iota* à leurs habitudes ou à leur service ! Vous vous apercevrez bientôt que vous avez crevé l'outre aux tempêtes. Vous avez donc à votre charge un personnel qui ne demande qu'à vous être hostile, des employés dont plusieurs sont parfaitement inutiles et d'autres parfaitement nuisibles, tant il semble que le budget des directeurs soit une table servie exprès pour un tas d'intrus dont le premier soin est d'envoyer l'amphitryon manger à l'office.

D'après ce qui précède, on voit que le premier devoir des municipalités est de bien choisir le directeur auquel elles confient les intérêts de leur théâtre. A cet effet, elles ne sauraient s'entourer de trop de garanties. Les considérations artistiques, sans exclure la question de solvabilité, bien entendu, devraient primer toutes les autres. Il ne suffit pas qu'un directeur soit recommandé par un agent dramatique quelconque, il faut que ses capacités artistiques bien reconnues le recommandent d'elles-mêmes. Il faut exiger de ce directeur un programme bien défini, qui devra être approuvé par l'autorité et, comme garantie de son exécution, le dépôt préalable d'un cautionnement en rapport avec les proportions de l'affaire, et toujours passible d'amendes, en cas d'infraction aux clauses stipulées. C'est sur ce programme directorial que doit se porter surtout l'attention des municipalités.

Comme garantie de la valeur des artistes engagés, nous voudrions que le sort de ces derniers fût réglé, à leurs débuts, par une commission municipale nommée à cet effet. Les manifestations tapageuses du public ne prouvent rien. Elles n'ont d'autre but le plus souvent que de paralyser les moyens d'un artiste victime d'injustifiables cabales. Donc, premier point : les débuts de la troupe soumis à la juridiction immédiate des municipalités.

Nous voudrions en outre qu'on exigeât des directeurs un aperçu général de la composition de leurs spectacles et, comme garantie de leur bonne exécution, un délai *minimum* pour les monter. C'est surtout au théâtre qu'il est vrai de dire que le temps n'épargne pas ce qu'on a fait sans lui. Nous avons vu, dans certaines villes de province, des pièces, comme l'*Étrangère*, montées en trois jours. Eh bien, nous le demandons, où trouvera-t-on des artistes, quelque talent qu'ils aient, pour interpréter convenablement un ouvrage dans ces conditions? Il faut réfréner cette prodigieuse consommation de spectacles qui se fait en province, c'est à ce seul prix qu'on aura le droit de se montrer exigeant sur leur qualité. Donc, second point : le service des répétitions assuré par la fixation d'un délai *minimum* entre chaque ouvrage représenté.

Nous voudrions enfin qu'à titre de subvention *préalable*, tous les frais de théâtre proprement dits fussent à la charge des municipalités : frais d'orchestre et d'employés, frais de chauffage et d'éclairage, droits d'auteurs, etc. L'avantage de cette combinaison serait de placer sous l'autorité immédiate de la ville, à laquelle le directeur serait toujours maître d'en appeler, le personnel du théâtre trop fréquemment disposé à méconnaître l'autorité d'un homme dont la situation est essentiellement transitoire. M. Got, et nous sommes entièrement d'accord avec lui sur ce point, ne veut pas autre chose, en somme, quand il demande qu'un employé spécial, placé sous la surveillance du maire et du conseil municipal, soit chargé « de louer la salle et la scène, munies de tout le *matériel* et le *personnel* de service, y compris l'*orchestre*, s'il y a lieu, moyennant tant pour cent sur la recette brute »; cet intérêt, débattu et contrôlé sur place, ajoute M. Got, sauvegarderait *sans contestations possibles* les intérêts des auteurs, des artistes, des orchestres, des employés, des pauvres, et de la ville ».

Nous faisons quelques réserves au sujet de ces dernières lignes. Le principe des troupes sédentaires étant, selon nous, absolument incompatible avec la suppression des subventions, le maintien de ces dernières est de toute nécessité et nous demandons qu'elles se traduisent tout d'abord par la cession gratuite des théâtres munis de leur matériel et de leur personnel, les directeurs ne devant avoir à leur charge que les frais de troupe, de costumes, de brochures et de partitions, lesquels résultent nécessairement des répertoires qu'ils choisissent.

Tels sont les trois points principaux sur lesquels doit porter la réforme immédiate des théâtres de province. Ces points établis, il restera à débattre entre les directeurs et les municipalités les conditions définitives et la *durée* de l'exploitation. La subvention devra-t-elle être augmentée, complétée par une somme d'argent, la durée de l'exploitation devra-t-elle être légèrement diminuée ? Telles sont les questions principales qu'auront à résoudre les parties intéressées. L'accord, établi sur les bases que nous venons d'indiquer, directeurs et municipalités auraient des garanties réciproques, ce qui n'existe guère aujourd'hui.

On le voit, dans notre système les municipalités sont amenées peu à peu à intervenir directement dans la gestion des théâtres de province. Le mieux serait qu'elles arrivassent à supprimer les directeurs pour les remplacer par de simples gérants, par des fondés de pouvoir, choisis parmi les plus compétents, qui administreraient les théâtres au mieux des intérêts des villes et de l'art. Nous savons bien que des tentatives ont été faites dans ce sens et qu'elles n'ont point réussi, mais de ce qu'elles ont été faites dans de mauvaises conditions, il ne s'ensuit pas que le système soit défectueux. Chaque ville équilibrerait les risques à courir avec les ressources, et le gérant, responsable dans une large mesure, aurait, en compensation, un intérêt dans l'entreprise.

Avant de terminer, nous désirons dire un mot d'une des conséquences que pourrait entraîner dans l'avenir le système que nous préconisons. Nous voulons parler de la formation de groupes ou sociétés d'artistes pour l'exploitation des théâtres de la province. Nous savons qu'actuellement ces sociétés ont grand'peine à se constituer et surtout à vivre. Mais la situation nouvelle changerait bien les choses.

La stabilité du théâtre (phénomène inconnu de nos jours), les garanties et les avantages offerts désormais aux troupes de valeur, ne tarderaient pas à faire comprendre aux artistes les bénéfices de l'association, d'autant plus que les fonctions directoriales auraient considérablement changé de caractère. On va voir les précieux résultats qu'on serait en droit d'attendre de ces sociétés ou compagnies dramatiques, dont tous les membres seraient intéressés, dans des proportions diverses, bien entendu, au succès des entreprises qui leur seraient confiées.

Il est évident que les artistes de talent ayant tout intérêt à s'unir entre eux, se rechercheraient de préférence et finiraient par se rencontrer pour former des troupes solides et compactes. Les artistes de second ordre seraient relégués dans les emplois inférieurs, et l'on débarrasserait du coup la province d'une foule de déclassés ou de déserteurs des ateliers, qui n'ont « pris » le théâtre que pour satisfaire leurs goûts de paresse ou de vanité. Une fois constituées, ces compagnies formeraient leur répertoire, ce qui ne serait ni long ni difficile, étant donnés les éléments dont elles disposent, puis elles se mettraient en quête de théâtres vacants. Nous sommes convaincus qu'aucune ville ne leur refuserait l'hospitalité, si elles présentaient les garanties artistiques requises. Au bout de deux ou trois ans d'existence seulement, quelle ne serait pas la force de ces troupes ! Quels excellents ensembles on aurait et de quels immenses répertoires on disposerait alors ! Les mêmes pièces, jouées dans différentes villes plusieurs saisons de suite, finiraient par être réellement fouillées et parfois très originalement rendues. On aurait tout le temps nécessaire pour monter les nouveautés à succès de l'année ; ce serait véritablement par rapport à ce qu'on voit aujourd'hui l'âge d'or du théâtre.

Ce n'est qu'un rêve, dira-t-on. Sans doute; mais qui sait ? Ce rêve n'est peut-être pas si chimérique qu'il en a l'air. Si l'idée est bonne, elle germera.

Pour nous résumer, nous demandons :

1° Le maintien des troupes sédentaires ;
2° Un choix plus judicieux des directeurs ;
3° La jouissance absolument gratuite des théâtres, munis de leur matériel et du personnel nécessaire (troupe non comprise);
4° La juridiction municipale pour les artistes ;
5° La bonne interprétation des ouvrages dramatiques garantie par la fixation de délais convenables pour les répétitions ; (soit par exemple dix répétitions au moins pour un ouvrage du répertoire et douze pour un ouvrage nouveau, les artistes ne pouvant être obligés à apprendre plus de 50 lignes par jour.)

La protection municipale substituée à la tutelle de l'Etat, tel est le but que nous poursuivons. De très honorables directeurs voudraient nous ramener au régime de la protection ministérielle pure et simple, nous avons le regret de n'être point de leur avis, non pas que nous répudiions absolument cette protection, mais, à notre sens, elle doit surtout s'exercer par une surveillance générale et par des encouragements accordés, s'il y a lieu, aux entreprises artistiques vraiment méritantes.

En proclamant la liberté des théâtres, l'Etat s'est en quelque sorte déchargé d'une partie de sa responsabilité sur les communes : à celles-ci donc le soin d'aviser. Nous disons plus, nous pensons que c'est leur devoir. Les municipalités ne représentent-elles pas le public ? Qui peut connaître mieux qu'elles les goûts divers et les aspirations des populations locales? Ne sont-elles pas chargées de leurs intérêts et n'est-ce pas les servir que de servir en même temps les intérêts de l'art? N'est-il pas de leur dignité enfin d'assurer aux théâtres qui sont, en somme, des établissements municipaux, une administration honorable? Pour peu que cela continue, les scènes de province ne tarderont pas à devenir la proie des saltimbanques de tous ordres et des troupes foraines.

Il est temps d'en finir avec les trafics, les maquignonnages auxquels donnent lieu la plupart des directions de province, avec tous ces honteux tripotages qui se font sous le couvert des municipalités et à leur insu ; il est temps d'en finir avec le régime des faillites. Quoi que l'on dise ou que l'on pense des idées que nous avons émises dans ce court travail, nous avons conscience d'avoir rempli un devoir en signalant les dangers qui menacent la cause de l'art, la seule que nous plaidions ici. Qu'on y prenne garde, d'ailleurs, la *Société des auteurs*, fatiguée, à bon droit, de voir les œuvres dramatiques massacrées, exterminées, comme elles le sont aujourd'hui en province, pourrait bien, lors de la prochaine révision de ses statuts, prendre des mesures extrêmes et quelque peu dictatoriales dont les conséquences seraient graves. Cela dit, à bon entendeur, salut !

A. ESTIVAL & B. MILLANVOYE.

Paris. — Imp. Dubuisson et C⁹, rue Coq-Héron, 5. 3373

www.ingramcontent.com/pod-product-compliance
Lightning Source LLC
Chambersburg PA
CBHW060535050426
42451CB00011B/1762